Couvertures supérieure et inférieure
en couleur

NOTE

SUR

LES MANUSCRITS

DU

COLLÈGE DES CHOLETS

Imprimé pour le Mariage

JACOB-AZÉMA

12 Septembre 1889

PARIS

TYPOGRAPHIE DE DELALAIN FRÈRES

1 ET 3, RUE DE LA SORBONNE

1889

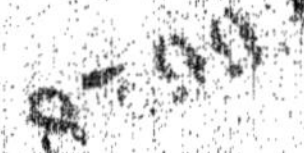

Typographie de couleur

NOTE

SUR

LES MANUSCRITS

DU

COLLÈGE DES CHOLETS

Imprimé pour le Mariage

JACOB-AZÉMA

12 Septembre 1889

PARIS

TYPOGRAPHIE DE DELALAIN FRÈRES

1 ET 3, RUE DE LA SORBONNE

1889

Typographie de couleur

A ALFRED JACOB

MAÎTRE DE CONFÉRENCES DE PHILOLOGIE GRECQUE
A L'ÉCOLE PRATIQUE DES HAUTES ÉTUDES.

MON CHER AMI,

EPUIS *vingt ans que nous nous sommes rencontrés, sur les bancs de Sainte-Barbe, à la conférence de notre cher maître, M. Tournier, les mêmes études nous ont sans cesse rapprochés. Les bombycins grecs ont eu pour vous la même séduction qui m'attirait vers les parchemins latins, et vous ont régalé des plus pures jouissances de la philologie. Vous venez de découvrir, au fond d'un palimpseste, que l'homme ne vit pas seulement de variantes, et, consciencieux éditeur de l'Économique de Xénophon, vous allez gaiement mettre en pratique le chapitre septième.*

Bravo, pour votre découverte! Plus qu'ami, plus que collègue, vous avez bien droit à toutes mes félicitations et à celles de ma famille.

Qu'en échange de mes vœux sincères, votre gracieuse compagne veuille bien me pardonner mon sévère épithalame! Quand on a goûté aux catalogues, on n'ose plus offrir, même à des mariés, d'autres friandises; je ne voudrais pas, d'ailleurs, manquer à la mémoire du célèbre Budé, à propos du mariage d'un de ses fidèles disciples! Enfin, chaque fois que vous viendrez de la rue Tournefort à la Sorbonne, vous ne passerez pas devant l'emplacement du Collège des Cholets, sans songer à ses manuscrits.

Recevez donc cette plaquette comme un faible souvenir de mon entier dévouement.

12 septembre 1889.

Émile CHATELAIN.

LES MANUSCRITS

DU

COLLÈGE DES CHOLETS

ARMI les collèges fondés à Paris à la fin du XIIIe siècle, celui des Cholets, destiné à recevoir vingt boursiers théologiens et vingt boursiers artiens, enrichi des dons de cent-un bienfaiteurs connus, se distingue par la régularité de son administration, jusqu'à l'époque de sa réunion au collège Louis-le-Grand, en 1763. Cette réunion, d'ailleurs, n'eut pas lieu sans protestation de la part des Chapitres de Beauvais et d'Amiens, administrateurs spirituels et temporels de la Maison de Cholet.

Les manuscrits de ce collège ont déjà fait

l'objet de savantes recherches[1]. La Bibliothèque nationale possède un Virgile (n° 7941) et une Bible (n° 15468) provenant du collège des Cholets; un Sénèque et un Suétone de la même provenance sont allés jusqu'à Vienne (n°ˢ 198 et 263 du catalogue d'Endlicher). La Bibliothèque de l'Université, dont on connaît le manuscrit célèbre de Richard de Fournival[2], possède heureusement *trente-quatre* manuscrits portant la marque de possession du collège des Cholets; l'un d'eux (n° 1221) est le dernier des dix-neuf volumes prêtés en 1411 à Pierre Plaru, évêque de Senlis (les dix-huit autres semblent perdus).

Les inscriptions ont varié suivant la date : d'abord, on mettait : *Iste liber est de domo scolarium de Choletis* ou *de venerabili col-*

---

1. Voy. Lebeuf (éd. Cocheris), II, 668 ; A. Franklin, *Anciennes bibl. de Paris*, I, 373 sq.; L. Delisle, *Le Cab. des mss.* II, 256.
2. Cf. Delisle, *Cab. des mss.* II, 518 sq.

legio Choletorum, puis *ex bibliotheca Choletæa.* A toutes ces inscriptions a été substituée, en 1762, la marque *ex bibliotheca domus Choleteæ,* suivie quelquefois des signatures : « *W. B.* 1762 ». D'après le procès-verbal d'une visite faite au collège en 1763, conservé aux Archives de l'Université, je suppose que ces initiales désignent Jean-Baptiste Waranguin et Alexis Brisse, qui étaient alors petits boursiers et touchaient sans doute, pour augmenter leurs ressources, l'indemnité annuelle de 24 livres attribuée aux bibliothécaires. La Maison des Cholets se comparait, dans ses revendications, à la Maison de Sorbonne et à la Maison de Navarre, et, espérant conserver son autonomie, s'était empressée de mettre l'inscription qui lui était à cœur dès qu'elle avait eu connaissance de l'Arrêt du 7 septembre 1762.

Avant l'invention de l'imprimerie, le nombre des manuscrits des Cholets devait être considérable; malheureusement, aucun catalogue de cette époque ne nous est parvenu; le plus ancien que nous ayons remonte au xviie siècle[1] et ne comprend plus que 101 volumes classés au moyen des lettres de l'alphabet; ces lettres étaient seulement inscrites à l'encre sur le dos du volume et ont presque toujours disparu[2].

Un autre catalogue, conservé dans le ms. lat. 13068 (f. 224) de la Bibl. nationale, et qui a été connu de Montfaucon, ne mentionne plus que 75 volumes; on y chercherait vainement le ms. de Richard de Fournival, qui pourtant existe encore; en revanche, il mentionne quelques mss. difficiles à reconnaître dans le catalogue précédent :

----

1. Biblioth. de l'Arsenal, n. 4630 (f. 280-286). C'est le recueil formé par Le Tonnellier entre les années 1650 et 1675.

2. Un seul ms. (1225) porte *aaaaa* sur le premier feuillet. — Ce classement, un peu primitif, n'était pas rare au XVIIe siècle : les Carmes déchaussés de Clermont classaient leurs mss. de *a* à *hhhhh* (avec *h œ y z* dans toutes les séries).

XIII. Alberti Magni de bono, de virtutibus et perfectione spiritalis vitæ, etc. [Bibl. Univ. 40].

XXXII. Varia opera, epistolæ et sermones Francisci Petrarchæ, ubi de regia eruditione, etc., de S. Thomæ Aquinatis laudibus, etc. [Bibl. Univ. 229].

Je publie in extenso le catalogue de l'Arsenal, en ajoutant entre crochets la cote actuelle du manuscrit, quand il est conservé à la Bibliothèque de l'Université.

CATALOGUS BIBLIOTHECÆ
MANUSCRIPTÆ COLLEGII CHOLETI.

a. Duo sunt codices manuscripti pœnitentialis magistri Roberti de Flammesbure canonici S. Victoris Paris. Quorum unus est solus in quo supplentur aliqua quæ desunt, v. g. interrogationes quas sacerdos facit pœnitenti, quæ habentur in secundo capitulo, sed in fine plura desunt ab his verbis « ad libitum tuam pœnitentiam » capituli de luxuria, re qua consulas. Istius libri hic est titulus : « Incipit summa M. Roberti S. Victoris de Flammesbure canonici S. Victoris Parisiensis et pœnitentiarii. » Incipit prologus : « res grandis. »

b. Secundus codex ms. præ se fert alium titulum : « Incipit prologus pœnitentialis M. Roberti, etc. » ut in altero. Qui pœnitentialis sequitur sermones supra epistolas et evangelia totius anni editos a domine Hugone de Sancto Caro cardinali. Index hujusce codicis sermonum de S. Caro 70 indicat quorum primus : « Sermo ad presbiteros » qui est prologus sequentis libri, ultimus « sermo de chrismatis consecratione » sive « sermo de symbolo laicis dicendo. » Plures sunt sermones supra Epistolas et

Evangelia quorum ultima verba : « Explicit summa domini Hugonis cardinalis » et alio caractere ad calcem : « Expliciunt sermones supra epistolas et evangelia totius anni editi a domino Hugone cardinale, deo gratias. Alleluya, etc. »

c. Codex ms. in folio qui continet quamplurimos sermones Petri Rogerii patria Lemovicencis abbatis Fiscaniensis in Normannia doctoris theologi Parisiensis, deinde pontificis sub nomine Clementis VI. Vide Bail, Sapientia foris prædic. pag. 232. Incipit : « Sol illuminans omnia respexit. » Circa finem legitur index rerum pag. 214, penultima pagina post indicem illum notata 239, ultima pagina corrosa et aliæ. Sermo ultimus in festo B. Joannis Baptistæ Patri Ravennas.

d. Codex ms. 1º continet glossas in totam scripturam; 2º libellum Martini episcopi Scoti ad Mironem regem; 3º epistolam S. Isidori episcopi de ordinibus sacris et aliam epistolam ad Massonem episcopum de clericis qui corporali delicto delinquunt si restaurari possunt; 4º de septem miraculis manu factis; 6º de apostolis; 7º glossa super Genesim. Nota in glossis super Actibus apostolorum exponens nomen Dionysii areopagitæ hoc tantum restet « Hic est Dionisius qui prius ordinatus episcopus ecclesiam Corintiorum gloriose rexit. » Quod consonat cum Eusebio et aliis qui nihil aliud de ipso testantur [1213].

e. Breviarium ms. quod colligimus esse secundum usum Belvacensem ex descriptione sanctorum sicut prænotatur in hac descriptione in qua sic habetur : « Incipit descriptio sanctorum secundum usum Belvacensem. » [179].

f. Codex ms. de concordia evangelistarum et desuper expositionem continuam exactissima diligentia editam a Zacharia Chrysopolita. Titulus hic elicitur ex pagina quæ sequitur 190 in qua ista leguntur : « Explicit unum ex quatuor seu concordia sicut supra. » Postea sequitur expositio nominum scripturæ sacræ, deinde quædam ex Gregorio homil. 35 de angelis et Remigio in Mathæum capitulo 3 § 2.

g. Codex ms. qui complectitur dialogos Okam quorum ultimus hic est titulus : « Incipit liber tertius tertiæ partis dialogi Okam », et ultima verba : « alius est minor romano », cætera desunt. In præfatione prænotat multos editos a se jam laboriose tractatus. Sic enim loquitur : « In omnibus curiosus existis, nec me desinis infestare quamvis ob multos editos laboriose tractatus scias me non modico esse fatigatum. »

h. Codex ms. Rabani in quatuor libros Regum libri quatuor cum epistola ad Hilduinum abbatem et sacri palatii archicapellanum dedicatoria. In fine codicis quædam verba evangelii de transfiguratione

Christi quibusdam musicæ caracteribus præfiguntur. [169.]

j. Codex ms. continens Bocacii libros de genealogiis deorum gentilium. Item Alberici Londoniensis de eadem materia.

l. Codex ms. de concordantiis. Hæc habentur in fine : « Expliciunt concordantiæ. Godefredus de sancto Odoeno Normannus fuit scriptor. » Videntur esse eædem quæ editæ sunt sub nomine fratris Conradi de Alemania. Inserta est huic codici expositio quorumdam psalmorum ubi autor conatur ostendere quem ordinem contineant psalmi, etc.

m. Codex ms. Richardi de S. Victore continens : 1° librum de duodecim patriarchis; 2° sermonem de Ascensione Domini; 3° de confessoribus sermonem: 4° sermonem de B. Maria Virgine; 5° de statu interioris hominis librum unum; 6° libros de trinitate; 7° tractatus de remissione peccatorum; 8° de eo quod dicit Augustinus : quod spiritus sanctus est amor patris et filii; 9° de spiritu blasphemiæ; 10° de potestate judiciaria apostolicis viris a domino collata; 11° libros exceptionum in duas partes distinctos quorum prima constat libris decem; secunda pars quatuordecim; 12° duos libros de sacramentis quorum primus liber de sacramentis distinguitur in duas partes, secundus in octodecim.

m. Alter codex ms. magistri Richardi de S. Victore continens : 1º septem libros super Apocalip-
sim; 2º quinque libros de variis quæstionibus quarum prima de Arca Noe, cætera ad Genesim
pertinent; 3º tractatum de operibus trium dierum;
4º de septem vitiis; 5º de septem petitionibus; 6º de
septem donis spiritus sancti; 7º de sapientia Christi;
8º de virginitate B. Mariæ; 9º de mystico somno
Nabucodonosor regis et quæ sit' summa inten-
tionis; 10º de visione Danielis; 11º de contempla-
tione; 12º librum S. Hieronimi de homine perfecto.
Sic incipit tractatus S. Hieromini : « Ecce iterum
ad te scribo »; 13º Richardum super Ezechielem
(immo Ecclesiastem) [172].

n. Codex ms. Joachim abbatis de flore qualem se
ipsum vocat in epistola quæ est ad calcem voluminis expositionis Apocalipsis. Hæc epistola notatu
digna quod recenset opera auctoris, sic enim ait :
« Denique librum concordiæ quinque voluminibus;
expositionem Apocalipsis octo partium titulis insi-
gnatam. Psalterium decem cordarum tribus voluminibus comprehensum prout Deus inspiravit et
facultas adfuit ingenii ad consummationem per-
duxi. » Tamen liber expositionis Apocalipsis tantum continet duas partes in quarum prima hæc
habentur ad finem : « Explicit prima pars hujus
libri quam scripsit Joannes dictus peß. clericus Ebr.
dyoc. apud Romam tempore Bonifacii papæ VIII

in vigilia nativitatis Domini anno ejus incipiente
1300 » [173].

n. Codex ms. Joachim abbatis et continens quin-
decim libros Concordiæ veteris et novi Testamenti,
duos libros in expositionem Psalterii de quo ultimo
opere nullus sermo apud Phil. Labbe.

o. Codex ms. Boetius de Consolatione philoso-
phiæ una cum expositione cujusdam autoris qui in
fine sic loquitur : « Infinitas gratias referamus Deo
qui mihi hoc opus complendi largitus anno domini
1400 in vigilia B. Andreæ de elogio Boetii. » [634].

p. Ingens volumen ms. commentaria in psalmos.
Incipit ab initio psalmorum his verbis : « O altitudo
sapientiæ », explicit in psalmo « laudate. » Ultima
verba : « Benedictus per omnia sæcula sæculorum.
Amen. Explicit Deo gratias. »

q. Codex ms. continens interpretationem Rufini
expositionis Origenis super epistolam Pauli ad
Romanos; in editis hac interpretatione sub nomine
Hieronymi falso inscribitur.

r. Ingens volumen ms. continens postillas super
novum Testamentum M. Nicolai de Lira.

s. Codex ms. continens Radulphi commentarium
super Leviticum qui viginti libros complectitur. In

fine legitur catalogus librorum insignis bibliothecæ et quædam animadvertuntur observanda de libro qui dicitur Florus.

t. Codex ms. continens duos libros de laudibus S. Crucis. Constat ex ultimis verbis primi libri autoris esse Rabanum Maurum cum ista habeantur : « Explicit deo juvante Magnetii Rabani Mauri in honorem S. Crucis conditum. Incipit præfatio secundi libri. »

v. Apparatus libris V distinctus ab Innocentio IV° papa in totidem libros Decretalium [31].

aa. Codex ms. cujus titulus habetur : « Concordia discordantium. » Idem est quod vulgo vocatur decretum Gratiani; commentario illustratur; ultima verba : « Dydimus in libro de Spiritu Sancto. » Cætera desunt.

bb. Codex variorum sermonum.

cc. Codex ms. continens : 1° libros quatuor Joannis presbiteri Damasceni de ortodoxa fide. Notandum tamen catalogum distinguere tantum capita, non libros, unde magna diversitas ; 2° S. Augustini de sermone Domini in monte, de vera religione, de agone christiano, de divinatione demonum ad Macedonium ; 3° libros Anselmi de caritate, de similitudinibus, de Azimo, etc., ut habet catalogus in fine; 4° sequitur catalogus librorum Summæ M. Alexandri.

dd. De vita Christi.

ee. Libr. 22 de Civitate Dei S. Augustini cum commentario.

ff. Tractatus de virtutibus.

gg. Expositio rerum præcipuarum quæ sunt in tota Scriptura — 2. Manuale M. Petri Cancellarii Carnotensis de misteriis Ecclesiæ cum quibusdam definitionibus.

hh. Codex ms. cujus postrema verba hæc sunt : « Expliciunt sermones Losan. »

ii. Sermones fratris Giberti per anni circulum. Præcedunt duæ epistolæ Alexandri IV ad autorem.

mm. Guillelmi Pakdi [leg. Peraldi] ord. Præd. de conventu Lugdunensi de virtutibus et vitiis tractatus moralis [728].

ll. Guillelmi Paris. de vitiis et virtutibus in tres partes distinctus.

nn. De vitiis et virtutibus in quinque partes divisus. Desunt tres partes cum pluribus capitulis quartæ.

oo. Directorium ad passagium faciendum, editum per quemdam fratrem ordinis Prædicatorum scribentem experta et visa potius quam audita ad serenissimum principem anno D. 1332. Sic enim est titulus.

pp. Codex ms. continens epistolas Senecæ; quædam opuscula D. Bernardi; Isidori junioris visionem Carelle, opuscula S. Augustini; sermonem Magistri Manducatoris sicut exhibet catalogus qui est initio hujusce voluminis.

qq. Quæstiones politicæ.

rr. Breviarium ad usum ecclesiæ Ambianensis qui titulus colligitur ex his verbis quæ circa finem sunt : « Expositio Joannis episcopi Sabinensis quondam decani nostri Ambianensis super cantica canticorum a sacrosancta ecclesia approbata anno d. 1233. »

ss. Sermones.

tt. Codex ms. qui dicitur universale bonum de apibus scilicet de prælatis et subditis.

aaa. Ordinarius ecclesiæ Silvanectensis in decem partes distributus.

bbb. Codex ms. metaphisicæ [Aristotelis. 569].

ccc. Codex ms. Salustii.

ddd. Codex ms. Titi Livii.

eee. Collectio Raymundi de Penna forti de casibus conscientiæ.

Codex ms. Collectio variarum autoritatum patrum juxta ordinem alphabeti more concordantiarum ut autor ipse dixit initio. Hic autem autor nomen suum reticere voluit, ne inquit collectio vilesceret cognito autore, reperitur tamen nomen autoris in fine codicis in quo sic legitur : « hoc opus compilatum a magistro Toma de Hibernia quondam socio de Sorbona, » deinde in fine : « Explicit Manipulus florum. » Est præterea catalogus librorum quorumdam patrum.

fff. Codex ms. scilicet liber physicorum [Aristotelis. 572].

ggg. Codex ms. liber historiarum ab origine mundi, quædam desunt.

hhh. Codex ms. scilicet variarum quæstionum præcipue moralium. [40. Albertus Magnus ?]

iii. Codex ms. distinctiones fratris Mauricii

lll. Codex ms. continens libros sex Avicennæ de naturalibus : 1º quædam opuscula M. Hugonis ;

2° expositionem Origenis : In principio erat Ver-
bum; 3° librum Isaac de anima; 4° librum senten-
tiarum Prosperi; 5° plures ingressus in sacram
Scripturam; 6° de novissimis temporibus pericula
[584].

mmm. Codex ms. cujus titulus : « Manipulus florum compilatus a M. Toma de Hibernia quondam
socio de Sorbona » et in fine : « Explicit etc. et
incipit Joannes frater Galensis ord. fratum minorum doctor in theologia istam tabulam et M. Tomas
finivit. » [215.]

nnn. Vitæ patrum heremitarum cum pluribus
illorum exhortationibus a variis autoribus compo-
sitæ nempe S. Hieronymo, Euagrio, Pelagio.

ooo. Boetius de consolatione; 1° lamentationes
Constantinopolis ad statum Christianorum anno
domini 1453; 2° opuscula brevia [Nicolai de Cle-
mangis] cantoris Baiocensis per Nicolaum Bertoul
exarata, ut habetur in fine voluminis. [633.]

ppp. Codex manuscriptus de Maria in cujus fine
legitur : « Hugo de Obeuiles scripsit hunc librum
apud Charitatem, fuit autem perfectus anno 1285
in vigilia nativitatis B. Joannis Baptistæ. » Est
Albertus Magnus.

qqq. De quæstionibus theologicis.

rrr. Distinctiones fratris Nicolai ordinis fratrum Prædicat. juxta ordinem alphabeti.

sss. Guillelmus Paris. de Universo. [42.]

ttt. Summa de ecclesiastica potestate edita a fratre Augustino de Ancona ordinis fratrum heremitarum S. Augustini.

vvv. Codex ms. Guillelmi Parisiensis. [De virtutibus. 217.]

aaaa. Expositio difficultatum veteris et novi Testamenti.

bbbb. Liber de Trojana historia composita per magistrum vel judicem Guidonem.

cccc. Codex ms. physicorum [Aristotelis. 568.]

dddd. Codex ms. scilicet collectionum sive communiloquium a Magistro Joanne Gallensi de ordine fratrum minorum.

eeee. Summa magistri Tomæ de Courcellis.

ffff. Registrum nationis Picardiæ ab anno 1342.

gggg. Codex ms. qui dicitur Universale bonum de apibus scilicet de prælatis et subditis. [1232.]

hhhh. Liber de regimine· principum editus á F. Ægidio de Roma ordinis fratrum heremitarum S. Aug. [1035.]

iiii, Boetius de Trinitate, de duabus naturis in Christo, de hebdomadibus cum commentario M. Guillelmi Pictaviensis episcopi.

llll. M. Guillelmi Paris. de fide et legibus ac de septem sacramentis. [218.]

mmmm. Petrus Trecensis de historia sacra incipiente a creatione mundi ad ascensionem domini.

nnnn. Distinctiones fratris Nicolai de Bayard (leg. Byard).

oooo. Breviarium.

pppp. Summa confessorum Joannis de Teutonia ordinis Prædicatorum. Agit de casibus conscientiæ.

qqqq. Alter codex ms. M. Petri Trecensis de historia sacra ut *mmmm.*

rrrr. Rethorica Aristotelis cum commentario F. Ægidii heremitæ S. Augustini [120].

ssss. Conceptiones collectæ de diversis opusculis D. Bernardi abbatis Clarævallensis [1228].

ttt. Tractatus Innocentii III de officio missæ.

vvvv. Commentarius in epistolam Pauli ad Romanos et ad Corinthios optimo caractere. Plura desunt.

aaaaa. Breviarium [1225].

bbbbb. Guido .le monte Rocheri, tractatus theologiæ. [1229].

ccccc. Breviarium [1220 (?)].

ddddd. Breviarium [1222 (?)].

eeeee. Sermones.

fffff. Seneca in quæstionibus naturalibus.

ggggg. Distinctiones quædam.

hhhhh. Sermones.

iiiii. Biblionomia M. Richardi de Furnival cancellarii Ambianensis. [636].

lllll. Historia incipiens a Christo et desinens ad Petrum Comestorem et Mauricium Parisiensem episcopum.

mmmmm. Summa Joannis Beleth.

nnnnn. Areolæ Joannis de s. Amando. Agit de Medicina [1034].

ooooo. Distinctiones sacræ scripturæ [1214].

ppppp. Epistolæ 180 Petri Blesensis, quædam epistolæ Senecæ, et opuscula.

qqqqq. Ingens volumen ms. tractans de theologia, de fide, de sacramentis et aliis rebus.

rrrrr. Index omnium operum et rerum quas scripsit Vincentius Belvacensis [637].

sssss. Primum volumen ms. speculi historialis Vincentii Belvacensis.

ttttt. Missale ms. cujus in prima pagina, in calendario mense octobri, nimirum duo habentur nomina Dionisii Areopagitæ et Parisiensis.

vvvvv. Missale ms. [177 (?)].

aaaaaa. Missale ms. [178 (?)].

bbbbbb. Missale ms.

vvvvv (sic). Secundum volumen ms. speculi historialis Vincentii Belvacensis.

dddddd. L'ouverture intérieure du royaume de l'agneau avec le total assujetissement de l'âme à son divin empire [25o].

eeeeee. Ms. continens præces velut Breviarium.

PARIS

TYPOGRAPHIE DE DELALAIN FRÈRES

1 ET 3, RUE DE LA SORBONNE.